W0110624

Pour Didier et Michou

B.B.

Loi n° 49-956 du 16 juillet 1949 sur les publications destinées
à la jeunesse, modifiée par la loi n° 2011-525 du 17 mai 2011.
© 2018 Éditions NATHAN, SEJER, 25 avenue Pierre de Coubertin, 75013 Paris.
ISBN : 978-2-09-257807-0
Achevé d'imprimer en janvier 2019 par EGEDSA, Sabadell, Espagne
N° d'éditeur : 10250464
Dépôt légal : juillet 2018

Mes premières QUESTIONS RÉPONSES ! 3+

Les camions

Texte de **Camille Moreau**
Illustrations de **Benjamin Bécue**

Nathan

À quoi servent les camions ?

À transporter de la nourriture, des vêtements, des meubles… Ils apportent les marchandises dans les magasins près de chez toi !

Est-ce qu'ils sont très lourds ?
Oui. Les plus gros camions peuvent transporter jusqu'à 40 tonnes de marchandises : c'est le poids de 8 éléphants !

C'est quoi, un semi-remorque ?
Ce camion est composé d'un tracteur et d'une remorque. Le tracteur abrite le moteur et la cabine de conduite : il tire la remorque qui contient le chargement.

C'est quoi, le quai de chargement ?

C'est là que les camions chargent les marchandises qui viennent parfois de très loin, et arrivent par bateau.

Comment charge-t-on les camions ?
Dans le hangar, les marchandises sont stockées sur de grandes palettes en bois. Un chariot les transporte jusque dans le camion.

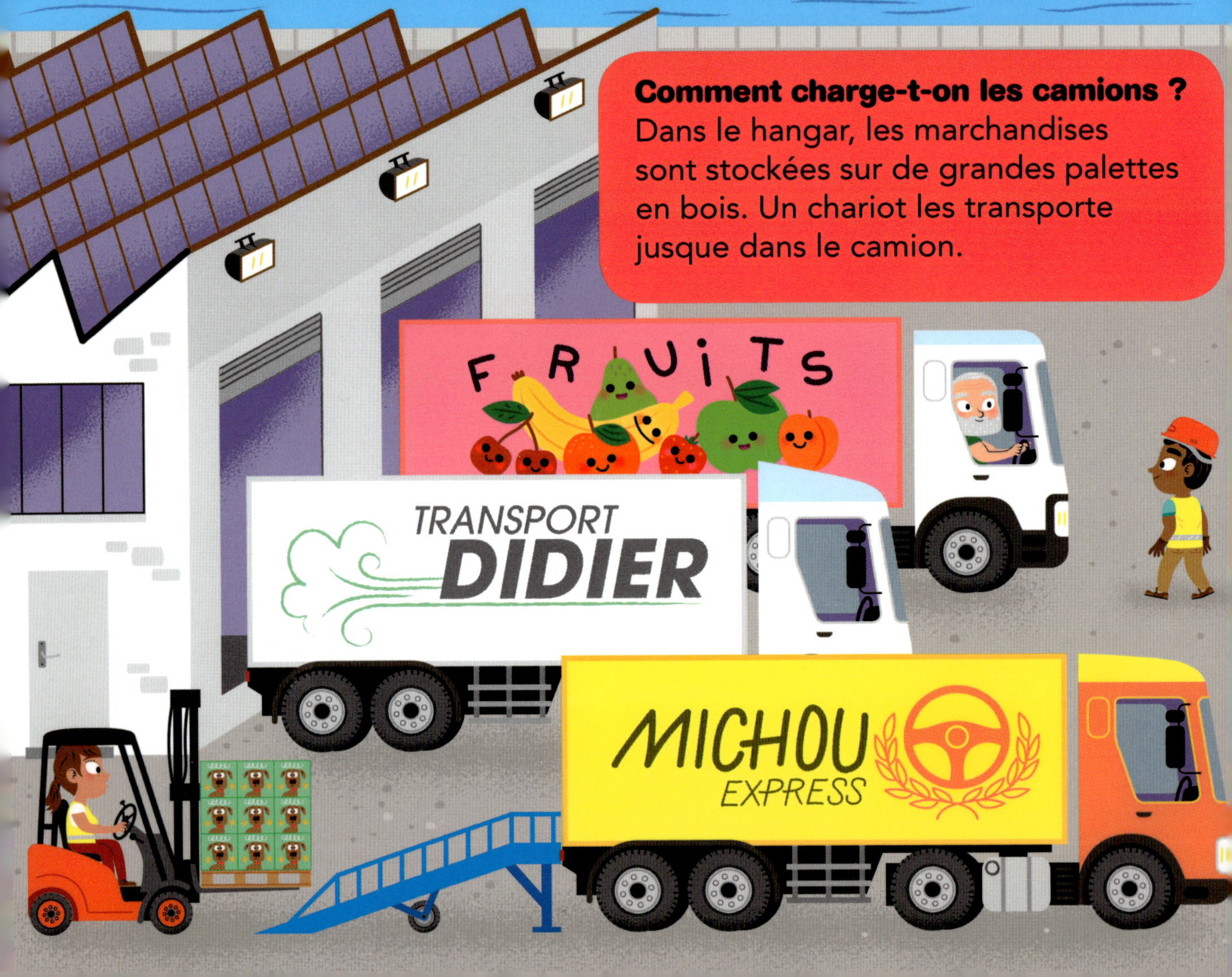

Pourquoi la remorque de ce camion est-elle vide ?

C'est un camion porte-conteneur. Un conteneur, déchargé d'un bateau, va être posé sur sa remorque et le camion pourra prendre la route !

Qui conduit les camions ?

Ce sont les chauffeurs routiers. Ils ont passé un permis spécial pour conduire ces poids lourds et faire ce métier.

Où dorment les chauffeurs, quand ils sont sur la route ?
Dans leur camion ! Comme ils partent souvent pendant plusieurs jours, il y a un petit lit dans la cabine de conduite, juste derrière les sièges.

Qu’y a-t-il sur le tableau de bord ?
On y trouve toutes les commandes de conduite. Il y a même un écran, relié à des petites caméras. Il permet de bien voir ce qui se passe derrière le camion.

Que transporte le camion-citerne ?

Dans sa cuve, il peut transporter des liquides comme du lait, du vin ou de l'essence, mais aussi des gaz ou des produits chimiques.

À quoi sert ce tuyau ?
À livrer l'essence de la station-service ! Il déverse l'essence dans un grand réservoir caché sous le sol.

Pourquoi ce camion transporte-t-il des voitures ?
Il va livrer les voitures neuves chez le vendeur. Il peut transporter jusqu'à 12 voitures, bien rangées sur deux étages.

Cherche et trouve !

la pompe à essence

le camion-citerne

le camion porte-voitures

Où va le camion-poubelle ?

Au centre de traitement des déchets. Mais avant, il fait le tour de la ville ! Les éboueurs s’accrochent à l’arrière pour ramasser les poubelles le plus vite possible.

Qu’y a-t-il dans la benne du camion ?
C’est une benne à ordures ! Ouverte à l’arrière, les éboueurs y vident les poubelles. À l’intérieur, une grande pelle repousse les ordures vers l’avant.

Pourquoi y a-t-il un gyrophare ?
Comme il s'arrête souvent, le camion-poubelle peut gêner la circulation. Il signale sa présence grâce à cette lumière.

À quoi sert la sirène du camion de pompier ?

À prévenir les autres véhicules ! Le camion de pompier est prioritaire, il n'est pas obligé de respecter les feux rouges et on doit le laisser passer.

Pourquoi ce camion est-il équipé d'une échelle ?
Pour évacuer les personnes bloquées en hauteur. On appelle ce camion « la grande échelle ».

Qu'y a-t-il dans l'ambulance ?
Il y a tout le matériel pour transporter et soigner les blessés : brancard, couverture de survie, bouteilles d'oxygène…

Que transporte le camion-benne ?

Sur le chantier, il permet de transporter des pierres, du gravier, du sable ou de la terre. Pour le vider, on fait basculer sa benne vers l'arrière.

À quoi sert le camion-toupie ?
À emporter le béton jusqu'au chantier. Et pour que le béton ne durcisse pas, la cuve du camion-toupie tourne sur elle-même… comme une toupie !

C'est quoi, un camion-grue ?
Un camion équipé d'une grande grue. Grâce à elle, le camion peut hisser des charges lourdes très haut.

Cherche dans l'image !

CIRCUS
la dépanneuse
le camion frigorifique
le camping-car
PIZZA
le cheval
le camion-pizza
le van

fleuriste
MICHOU
EXPRESS
PIZZA
Soda